Eurêka

Fabrice Calzettoni
de l'Institut Lumière

Les frères Lumière et le Cinéma

Éditions du Sorbier
51, rue Barrault
75013 Paris

© Éditions du Sorbier, 1995, pour la présente édition
Loi n° 49.956 du 16 juillet 1949
sur les publications destinées à la jeunesse.
ISBN 2-7320-3385-5
IMPRIMÉ EN CHINE

© Belitha Press Ltd 1995, pour les illustrations
Tous droits réservés. Aucune partie de cet ouvrage ne peut être reproduite ou utilisée sous quelque forme que ce soit, y compris la photocopie, sans l'autorisation formelle et écrite de l'éditeur.
Éditeur : Rachel Cooke
Maquette : Cooper Wilson Limited
Illustrations de Tony Smith
Diagrammes de Peter Bull

Crédits photographiques
ET Archive : 6 en haut, 24 au centre.
Mary Evans Picture Library : 8.
The Ronald Grant Archive : 26, 27.
Hulton Deutsch Collection : 7 en bas à droite, 12/13 en haut.
Image Select/Ann Ronan Picture Library : 11 en bas, 25 en bas.
L'Institut Lumière, Lyon : page de titre, 4, 5 ensemble,
    6 au centre, 9, 11 en haut, 12 en bas, 13, 15, 16 à droite,
    17 à gauche, 19, 22 en bas, 23, 24 en haut et en bas,
    25 en haut, 29.
Retrograph Archive : 7 en bas à droite ©Richard Balzer, 22 en haut.
The Science Museum/Science and Society Picture Library : 7 au centre et en bas à gauche,
    11 au centre, 14 en entier, 16 à gauche, 17 à droite, 18.

Pour la couverture : Mary Evans Picture Library ; Hulton Deutsch Collection ; Institut Lumière, Lyon ; Ann Ronan Picture Library.

Remerciements à l'Institut Lumière/Bertrand Tavernier

L'auteur : Fabrice Calzettoni est responsable du secteur pédagogique de l'Institut Lumière depuis 1993 et accueille tous les jours le public scolaire de Lyon et de la Région Rhône-Alpes pour lui enseigner l'histoire de l'invention du cinéma. Il est diplômé de la section Cinéma de l'Université de Lyon II et spécialiste de l'œuvre de Stanley Kubrick.

Table des matières

Introduction   4

Chapitre premier
Antoine Lumière, le père   5

Chapitre deux
Louis et Auguste Lumière   10

Chapitre trois
Le cinématographe   14

Chapitre quatre
Les nouvelles images   26

Le monde au temps des frères Lumière   28

Lexique   30

Index   32

Introduction

Dans les années 80 du siècle dernier, une grande course mondiale va commencer. Chercheurs, scientifiques, médecins, inventeurs, photographes, magiciens et montreurs d'ombres vont chercher le moyen de faire vivre les images.

La projection existe depuis des centaines d'années avec les lanternes magiques qui amusent le monde entier. La photographie est inventée. Elle se découvre, fabrique son histoire, raconte le monde qu'elle saisit avec toute l'objectivité qui lui est propre. D'autres ont réussi l'animation des images. Le prodige tournant, la roue de vie sont devenus des jouets que tous les enfants commandent à Noël. Le but est maintenant de rassembler ces trois éléments.

Mais le merveilleux est encore loin devant. Quelques-uns s'en approcheront, beaucoup en rêveront, de très nombreux échoueront. De partout on essaie, on cherche, on transforme, on calcule, on fabrique, mais personne ne trouve.

Même si par moment de petits personnages bougent à l'intérieur de grosses boîtes, ils ne sont pas encore devenus gigantesques, projetés sur un grand écran, futur cadre d'émerveillement de milliards de personnes.

Cependant, à Lyon, dans le petit quartier de Monplaisir, une matinée de mars 1895, on s'agite devant une sortie d'usine. Deux hommes au nom prédestiné tournent une manivelle montée sur un drôle d'appareil. Ce sont Louis et Auguste Lumière…

Devant eux, une porte allait s'ouvrir sur ce qui deviendra l'art le plus populaire de l'histoire de l'humanité : le cinéma.

Une affiche datant de la fin des années 1890 qui souligne l'amusement des spectateurs devant le premier gag cinématographique des frères Lumière dans l'Arroseur arrosé (voir p. 25).

Chapitre premier
Antoine Lumière, le père

Antoine Lumière, originaire d'Ormoy en Haute-Saône, vit à Besançon avec Jeanne-Joséphine, sa femme depuis 1861. C'est un mariage heureux, à l'issue duquel vont naître six enfants. Les deux premiers furent Auguste (né le 24 octobre 1862) et Louis (né le 5 octobre 1864).

Dans le monde des arts, un grand bouleversement est en cours. Déléguant aux photographes le rôle de témoins de leur époque, les artistes peintres s'orientent maintenant vers la transcription d'expériences particulières. La photographie représente désormais le monde et la

Auguste et Louis Lumière sur une photographie prise par leur père à la fin des années 1870.

La lanterne magique

Pendant plusieurs siècle, les lanternes magiques ont projeté sur une surface blanche toutes sortes d'images nées de l'imagination des peintres et des magiciens.
On attribue les premières au jésuite allemand Athanase Kircher qui résidait à Rome en 1646.
À l'époque, les images projetées étaient peintes sur plaques de verre. Toutes fixes au début, certaines seront légèrement animées grâce à de petits mécanismes rotatifs ou coulissant d'une plaque de verre sur l'autre. Certains mouvements utilisent même le principe de la persistance rétinienne.
Elles connaissent leurs véritables heures de gloire, grâce à Étienne-Gaspard Robert et ses *Fantasmagories* dès 1799 à Paris. Spectacle total, il terrorisa le public qui se pressa pour assister à ses messes noires…
Industrialisées à partir du XIXe siècle, les projections de Lanternes Magiques se poursuivront jusqu'à l'invention du cinéma.

Les monstres de Fantasmagories *(à gauche) étaient si effrayants que les spectateurs, terrifiés, s'évanouissaient, ou essayaient même de les combattre.*

La persistance rétinienne

L'impression du mouvement donnée par une image est une illusion d'optique provoquée par la persistance rétinienne. Elle fut définie scientifiquement par Joseph Plateau en 1829.
Si l'on regarde un objet très lumineux pendant une seconde (le soleil, un flash…), et que l'on ferme les yeux, nous apercevons dans l'œil, un point lumineux : c'est l'éblouissement. Nous continuons de "voir" cet objet. Lorsqu'une image pénètre dans notre œil, elle impressionne une paroi sensible située au fond de ce dernier et appelée rétine. Celle-ci envoie ensuite l'image qu'elle a analysée au cerveau par l'intermédiaire du nerf optique. La rétine est formée de deux types de cellules, les cônes et les bâtonnets. Ceux-ci contiennent une substance appelée pourpre rétinien qui a la propriété de se décomposer quand elle est exposée à la lumière et de se régénérer plus ou moins rapidement. Ces cellules gardent donc en mémoire pendant un bref instant les images qu'elles reçoivent. Ce temps de régénération est d'environ $1/12^e$ de seconde. Cela suffit pour donner l'illusion du mouvement, grâce à la succession optique des images fixes qui défilent dans notre œil.
Peut-on penser que si notre œil avait été plus perfectionné, le cinéma n'aurait pas existé ?

La balançoire d'Auguste Renoir (1892). Un photographe aurait montré cette scène comme elle lui apparaissait réellement. Renoir a créé une impression de beauté et de mystère.

Antoine Lumière enseigna, encouragea, puis, plus tard, assista ses fils.

peinture peut devenir non-figurative. Exécuter des portraits en peinture n'est donc plus un métier d'avenir. Conscient de ce bouleversement, Antoine se lance dans la photographie.

Mais en 1870, la France est en guerre contre l'Allemagne (la Prusse à cette époque). L'occupant est à Dijon et presque à Besançon. Profitant d'une offre d'association avec Fatalot, photographe lyonnais, Antoine plie bagage et toute la famille vient s'installer à Lyon, 7 rue des Marronniers.

Lyon, une ville en pleine expansion

Lyon fut le berceau des Lumière… Pourquoi Lyon ?
À la fin du XIXe siècle, cette ville est une plaque tournante industrielle, commerciale et politique.
L'essor des industries dans la région lyonnaise est spectaculaire. La soierie prospère, la mécanique, la **chimie** se

Le prodige tournant et les roues

• Le docteur Paris met au point et fabrique un jouet qu'il appelle le thaumatrope ou le prodige tournant en 1823. Une surface circulaire sur laquelle est dessiné d'un côté un oiseau, de l'autre une cage. Lorsqu'il tourne très vite, nous voyons l'oiseau dans la cage. Cette illusion provient de notre persistance rétinienne.

• Le Zootrope fut inventé par William George Horner en 1833. La bande d'un mouvement décomposé (chaque image est légèrement différente de la précédente) est placé dans le Zootrope. Chaque fente correspond à une image. Au milieu des fentes : le noir grâce à la paroi du Zootrope. Lorsqu'il se mettra à tourner, chaque image, successivement, va venir se superposer sur la rétine. Les parois noires réglementent leur circulation optique, séparant chaque image dans l'œil, ce qui nous permet de voir une image nette et animée. Toutes ces images qui défilent à un rythme de plus de 12 par seconde, nous donnent l'impression qu'elles se suivent sans rupture. La technique du cinéma repose sur ce principe.

• Le Phénakistiscope fut imaginé vers 1833. Une suite d'illustrations fixes, chacune légèrement différente de la précédente, montrant un mouvement comme celui d'une personne en train de courir, étaient placés autour du centre d'un disque portant des fentes à sa périphérie. On le faisait tourner et l'on observait l'image des fentes à travers un miroir. Chaque fente découvrait l'image une fraction de seconde, mais la persistance rétinienne donnait à l'observateur l'illusion du mouvement.

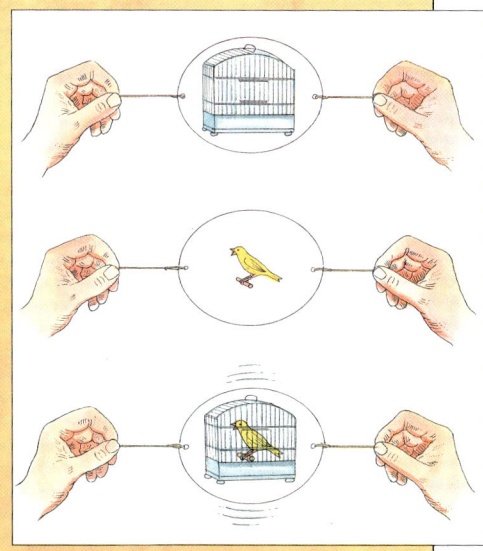

Le prodige tournant

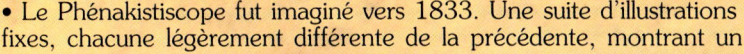

Le Zootrope

Le Phénakistiscope

développent très rapidement et la photographie va devenir aussi une industrie internationale grâce à l'entreprise et aux inventions des Lumière.

L'industrie lyonnaise est en liaison avec le monde entier, menée par des aventuriers financiers ou intellectuels, aussi bien que des ecclésiastiques aux importantes activités de Mission en Afrique.

Son histoire politique et sociale est agitée : les révoltes des canuts en 1831 et 1834, les émeutes de 1848 et 1849, la brève Commune de Lyon en 1871, l'assassinat du Président de la République Sadi Carnot en 1894.

Antoine Lumière ouvre, rue de la Barre, un atelier de Peintre-photographe. Ce terme désignait les artistes qui exécutaient des portraits en photographie. Antoine gagne bien sa vie et la famille s'agrandit en 1870 et 1873 de deux filles : Jeanne et Juliette. Ses ateliers marchent bien, quelques personnes travaillent maintenant pour lui.

La guerre de 1870 entre la France et l'Allemagne fut courte mais sanglante. La victoire de la Prusse força Napoléon III à abdiquer, laissant la place à la République.

C'est en 1877, que l'aîné des enfants offre à ses parents leur première grande joie. Auguste réussit le concours d'entrée de l'École de la Martinière qui, à Lyon, offre des cours scientifiques et techniques.

Louis et Auguste seront tout au long de leur scolarité de très bons élèves. Chacun d'eux pratiquera l'**optique**, la chimie et la physique avec une facilité grandissante.

De son côté Antoine appréhende l'évolution de la photographie. Il subit de plus en plus la concurrence artistique de nombreux artistes et apprend que des petits appareils Kodak permettent aux gens de faire de la photographie soi-même. Il sent que sa petite entreprise sera bientôt sur le déclin, ne pouvant lutter contre une telle évolution.

Ce qu'il faudrait, c'est se reconvertir…

Antoine Lumière figurant sur une publicité photographique pour son propre studio à Lyon.

Chapitre deux
Louis et Auguste Lumière

Auguste et Louis, qui avaient le même intérêt que leur père pour la photographie, prenaient et développaient leurs propres clichés, même pendant leurs vacances. Ils utilisaient le procédé du collodion humide et utilisaient une petite grotte du bord de la mer comme chambre noire.

En vacances à Saint-Énogat en Bretagne en 1877, Auguste et Louis (alors âgés de 15 et 13 ans) s'amusent à faire de la photographie. Ils sont parfaitement heureux pendant ces six semaines de détente. Dans la petite grotte de la Goule-aux-Fées, après avoir développé une **plaque photographique** avec du collodion humide, ils font un serment comme beaucoup d'enfants peuvent en faire à cet âge. Ils se jurent de consacrer leur vie à la recherche et de rester toujours ensemble. Ce serment sera tenu. À la fin de leur vie, ils auront déposé plus d'une centaine de **brevets d'inventions**, et ne se seront pratiquement jamais séparés.

Antoine s'interroge sur ce nouveau procédé de plaques sèches dont de nombreux essais sont pratiqués un peu partout dans le monde. On est capable alors de prendre des photographies sur plaques de plus en plus rapidement. Les résultats scientifiques et techniques de Muybridge par exemple, sont saisissants.

C'est cette idée qu'Antoine veut développer : fabriquer des plaques sèches pour le grand public. Mais déprimé de plus en plus car ne parvenant pas à trouver les bonnes doses de

L'invention de la photographie

On estime que les premières photos, réalisées par Nicéphore Niepce, furent obtenues entre 1816 et 1824. La plus ancienne fut prise de sa fenêtre de sa propriété près de Chalon-sur-Saône en 1826. Le temps de pause fut de plusieurs heures.

En utilisant le principe de la Chambre Noire, il enduit une plaque de verre avec un goudron appelé « bitume de Judée » qui noircit sous les rayons lumineux. Plus l'objet est sombre, moins il reflète de la lumière et moins il noircit le produit (inversement pour les zones claires). Toutes les gammes de gris apparaissent alors sur la surface photographique. Niepce n'obtient que des **négatifs** (blancs et noirs inversés).

Après la mort de Niepce en 1833, son associé Louis Daguerre cherche le positif (une photographie immédiatement lisible). Il invente le daguerréotype au succès commercial immédiat. L'image apparaît donc directement en positif grâce à du collodion humide enduit sur plaques de verre. Mais les daguerréotypes ne sont pas reproductibles et le temps de pose reste très long (5 à 7 minutes pour un portrait). Il faut disposer d'appuis-tête…

À la même époque, l'anglais Fox Talbot obtient, sur une plaque de verre enduite de sels d'argent, une image négative. On peut désormais reproduire des multiples d'une image initiale.

La photographie était promue à un grand avenir…

La première photographie réussie fut prise par Niepce en 1826. Le temps de pose fut de 8 heures. Elle représentait le toit et les murs extérieurs de l'étage de son atelier.

(Ci-dessus) L'appareil de Fox Talbot et la fenêtre à claire-voie de l'abbaye Lacock, en Angleterre, qu'il photographia en 1835.

(Ci-dessous) Mère et enfant posant pour un daguerréotype. Leurs têtes sont immobilisées pendant la pose.

> ### Locomotion humaine et animale
>
> Installé aux États-Unis, Eadweard Muybridge, sous l'influence de son mécène Leland Stanford, propose de photographier les différentes **phases** des mouvements du cheval au galop.
> En 1878, il aménage la piste de Palo Alto et installe douze appareils le long du champ de course. Lorsque le cheval est au galop, il brise des fils reliés à chacun des appareils. Muybridge décompose ainsi en autant d'images qu'il y a d'appareils, la course du cheval. Il baptise cette expérience Locomotion humaine et animale.

Antoine Lumière et son chien, photographie prise sur une plaque sèche Étiquette bleue. La brièveté du temps d'exposition permet de saisir le mouvement.

produits, il souhaite désormais se faire aider par ses enfants. Au brouillon Antoine, vont succéder les précis et méthodiques Auguste et Louis qui appliquent systématiquement les formules apprises à la Martinière…

Les plaques sèches

En 1881, tandis qu'Auguste est au service militaire, Louis s'attelle à la tâche pour trouver des plaques à **émulsion** rapide. La famille en a grand besoin pour gagner rapidement quelque argent. Sinon, le dépôt de bilan pourrait poindre à l'horizon. C'est Louis qui réussit, cette année-là, à remplacer le collodion humide par du gélatino-bromure d'argent sec et met au point les plaques "Étiquette bleue". Au début, Antoine les met en vente chez Larochette, petite pharmacie qui devient le premier lieu de dépôt de ce produit bientôt vendu dans le monde entier.

Il va falloir maintenant s'agrandir. Un hangar est disponible dans le quartier de Monplaisir, au 25 chemin Saint-Victor. C'est là qu'Antoine aidé de son fils, va faire construire son premier atelier de fabrication des plaques. Mais quel atelier ! Vétuste et bien trop grand pour la petite quantité de

plaques que pouvaient fabriquer Louis et sa jeune sœur de 11 ans. La famille est couverte de dettes. Alors, quand Auguste rentre du service militaire, c'est dans une situation catastrophique qu'il trouve ses parents.

« Nous sommes perdus ! »* déclare Antoine en pleurs à son fils aîné. Mais Auguste ne baisse pas les bras. Désormais il est là !

Tandis que lui et son père s'occuperont de la rue de la Barre, Louis et sa sœur fabriqueront les plaques. Le travail est difficile et continu. Enfin, la situation familiale se redressant, on peut embaucher quelques personnes, et fabriquer des machines.

« Pendant de longs mois, nous nous sommes alors livrés, mon frère, mes deux sœurs et moi, à cette besogne pendant 12 ou 14 heures par jour, enfermés dans des laboratoires obscurs, sans trêve ni repos, n'en sortant que pour prendre de rapides repas. »*

En 1886, non seulement la famille n'est plus ruinée, mais ils sont devenus des millionnaires (en francs or !). L'usine de Monplaisir a décuplé et tout le quartier est à cette date au service des Lumière. Ces années 80 voient la naissance des deux derniers enfants : France en 1883 et Édouard en 1884.

Plus rien maintenant ne pourra freiner la progression des deux premiers, surdoués, pour lesquels il n'y a de plaisir qu'en travaillant…

La chrono-photographie

Le français Étienne-Jules Marey est passionné par le vol des oiseaux. « Je rêvais d'une sorte de fusil photographique saisissant l'oiseau dans une attitude ou mieux encore dans une série d'attitudes exprimant les phases successives du mouvement des ailes ». Il « tire » donc 12 clichés par seconde sur disque rotatif installé dans la chambre du fusil, qu'il construit en février 1882.

Déçu par des photos trop petites, il réalise 5 mois plus tard le chronophotographe capable d'obtenir une série d'images successives sur une seule plaque sensible.

Dans l'atelier des Lumière, on peut voir des pots et des bouteilles qui contiennent les produits chimiques qui seront utilisés pour fabriquer les plaques Étiquettes bleues.

* Toutes les citations sont tirées du livre *Les Lumière* de Bernard Chardère (Éd. Payot Lausanne)

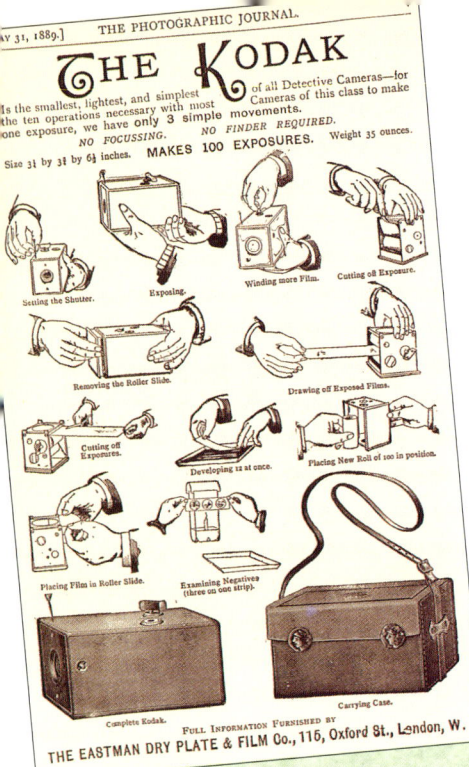

Chapitre trois
Le cinématographe

Antoine Lumière montre un jour à ses enfants un fragment de **pellicule** perforée, fabriquée aux États-Unis par Eastman, pour les kinétoscopes d'Edison. Il demande à ses enfants d'essayer d'en fabriquer meilleur marché, car celle-ci était hors de prix. La suite, c'est Auguste qui la raconte : « C'était au début de 1894, si j'ai bonne mémoire ; en passant rue de la République, à Lyon, mon attention fut attirée par un magasin ouvert, dans lequel se pressaient de nombreux visiteurs, pour admirer le kinétoscope d'Edison. Je suivis le mouvement et, après

George Eastman

George Eastman invente en 1884 la pellicule photographique souple. Il crée l'appareil Kodak, populaire et transportable. Il lance le slogan « Appuyez sur le bouton, nous ferons le reste ». D'abord, on renvoie l'appareil à l'usine Eastman/Kodak ; puis on donne sa pellicule au photographe qui tire les clichés sur papier. Cette pratique est toujours celle d'aujourd'hui. Mais elle permet surtout de faire plusieurs photos dans le même appareil. Procédé qui sera nécessaire au cinéma.

L'appareil Eastman-Kodak Brownie (à gauche) produit des photographies assez bon marché pour intéresser le grand public. Chacun d'entre eux contient un rouleau de film sur celluloïd.

avoir été vivement charmé par les petites vues animées qui défilaient dans ces appareils, j'estimais que si l'on parvenait à projeter de telles images sur un écran, de façon à les montrer à toute une assemblée, l'effet serait saisissant et je résolus aussitôt d'étudier le problème. »

Auguste va travailler pendant trois mois pour essayer de trouver un procédé d'entraînement satisfaisant. En vain.

Un jour, Louis est alité à cause d'une mauvaise grippe. Pendant sa convalescence, il appelle son frère et lui demande de venir le voir. Louis explique alors qu'au cours d'une nuit d'insomnie, il pensait avoir trouvé le système parfait.

Auguste l'explique : « Il s'agissait de recourir à un dispositif attaquant la pellicule au repos, l'entraînant d'un mouvement accéléré, puis retardé, jusqu'à une nouvelle immobilité pendant laquelle la **projection** devait avoir lieu, et de répéter ce cycle d'opérations quinze fois par seconde.

Pour remplir ces conditions, il proposait d'utiliser un mouvement alternatif, analogue à celui mis en œuvre dans la machine à coudre, en l'agrémentant d'un système de griffes pénétrant dans les **perforations** de la pellicule, l'entraînant, puis s'effaçant pour remonter à vide pendant la projection et l'immobilité du film, et répétant ce mouvement avec la rapidité voulue.

Je compris aussitôt que ce dispositif devait parfaitement réaliser l'effet cherché et j'abandonnai le problème à mon frère qui venait d'en trouver la solution en une nuit. »

On ne sait toujours pas bien aujourd'hui si Louis Lumière a

Thomas Edison et le kinétoscope

Thomas Alva Edison inaugure le 21 février 1893 son « appareil qui fait pour la vue, ce que son phonographe fait pour l'ouïe ». Il est donc capable d'enregistrer (sur la pellicule celluloïd « Kodak » mise au point par George Eastman) de petites scènes tournées en studio et de les restituer. C'est le Kinétographe (qui filme) et le Kinétoscope (qui montre), dans lequel une pellicule de 17 mètres défile en boucle. Une fente au-dessus de l'appareil permet à un spectateur (pour 25 cents) de visionner le film.

Le Kinétoscope est placé dans des lieux publics. Le succès va décliner rapidement à cause des conditions de visionnement difficiles (un seul spectateur à la fois) et d'une qualité d'image trop faible.

Edison ne tient pas à mettre au point la projection collective : « Si tout le monde peut voir la photographie animée en même temps dit-il, cela ne rapportera pas d'argent » !
L'Histoire prouvera le contraire…

Un appareil installé dans le Kinétoscope Parlor de Broadway à New York en avril 1894. Auguste Lumière vit le kinétoscope pour la première fois dans une salle semblable à Paris.

tenu entre ses mains le kinétoscope pour en analyser le fonctionnement. En 1946, Louis déclarait : « Si un appareil a été acheté aux frères Werner (montreurs des kinétoscopes Edison sur les grands boulevards parisiens) par un Lumière, il peut alors s'agir de mon père. Pour ma part, je n'ai jamais eu entre les mains un kinétoscope d'Edison ».

C'est Louis qui raconte lui-même la suite : « Mon frère a cessé de s'intéresser à la partie technique du cinématographe sitôt après que j'ai eu trouvé un dispositif d'entraînement correct. Et si le brevet du cinématographe a été pris sous nos deux noms, c'est que nous signions toujours en commun. (...)

Ce fut M. Moisson, le chef mécanicien de nos usines, qui établit le premier appareil d'après les croquis que je lui remettais au fur et à mesure de la réalisation. Comme il était alors impossible de se procurer en France des films de celluloïd transparent, je fis mes premiers essais avec des bandes de papier photographique fabriqué dans nos usines. Je les découpais et les perforais moi-même. Les premiers résultats furent excellents.

Ces bandes étaient purement expérimentales. Les images négatives sur papier ne pouvaient être projetées en raison de leur trop grande opacité. Mais je réussis, néanmoins, à les animer en laboratoire en les regardant par transparence, éclairées par une forte lampe à arc. Les résultats furent excellents.

J'aurais utilisé immédiatement des bandes de celluloïd si j'avais pu me procurer en France du celluloïd souple et transparent qui me donnât satisfaction. Mais aucune

Une série d'images successives, ou photogramme, tirée d'un film des Lumière de 1896 et représentant environ 1 seconde de projection. Notez le léger mouvement des pattes des chevaux entre chacune des images ainsi que les perforations situées de chaque côté du film.

Louis Lumière, âgé, montre le fonctionnement du premier Cinématographe.

Le cinématographe

Le projecteur de Reynaud envoyait sa lumière à travers un long rouleau d'images peintes qui venaient s'inscrire sur un écran après s'être réfléchies sur un miroir situé derrière ce dernier. Mais chacune de ces images prenait deux heures à peindre.

entreprise française ou anglaise n'en fabriquait alors. Je dus envoyer aux États-Unis un de nos chefs de service qui acheta du celluloïd en feuilles non sensibilisées, à la New York Celluloïd Company, et nous les rapporta à Lyon. Nous les recouvrions alors d'émulsion, puis les découpions et les perforions à l'aide d'un appareil dont l'avancement dérivait de la machine à coudre, appareil mis au point par M. Moisson. »

Le 19 mars 1895

Le tournage de *La sortie des usines Lumière* sur pellicule est aujourd'hui daté du 19 mars 1895. D'autres tournages ne furent que des essais préliminaires sur papier photographique. Louis aurait projeté pour sa famille à Noël 1894, une première version disparue aujourd'hui.

En février 1895, Louis et Auguste Lumière déposent une demande d'un Brevet d'invention pour 15 ans d'un appareil servant à l'obtention et à la vision des épreuves photographiques. L'appareil est réversible et permet de filmer et de projeter avec le même module, que l'on place simplement sur un trépied pour filmer, ou sur un bâti

Émile Reynaud et le Théâtre optique

Émile Reynaud met en vente le Praxinoscope en 1881. Il le combine avec deux appareils de projection (pour obtenir un arrière-plan à ses images). En 1882, il utilise des rubans de gélatine perforés et dépose un brevet pour son Théâtre optique.

À partir du 28 octobre 1892, Reynaud montre au public du Musée Grévin trois bandes de pantomimes lumineuses. Il s'agit d'images dessinées et colorisées une par une, composant de petites scènes, avec un synchronisme sonore que l'auteur-manipulateur présentait en rythmant manuellement la vitesse de défilement. Le succès est foudroyant : plus de 500 000 spectateurs se pressent pour assister aux projections…

À la fin de sa vie, vaincu par le cinématographe, il jette une grande partie de ses appareils dans la Seine en 1910 et meurt à l'Hospice des Incurables le 9 janvier 1918.

Le cinématographe

Le mécanisme de projection du Cinématographe Lumière

Chaque image est projetée sur un écran à la cadence de 16 images par seconde (en fait, on peut varier entre 12 et 24 puisque le défilement est rythmé par la main d'un opérateur et non par un système mécanique). Les unes après les autres, elles se superposent sur la rétine et sont effacées par l'obturateur, qui exécute lui aussi 16 tours par seconde, synchronisés avec la projection de chaque photogramme.

Deux pièces sont très importantes : un **cadre porte-griffe** (destiné à entraîner la pellicule) et une **came** triangulaire. Les griffes pénètrent dans les perforations qui sont disposées sur les bords de la pellicule, elles entraînent le film vers le bas, elles quittent le film qui reste en place dans son couloir (pendant le temps d'immobilité du film l'obturateur laisse passer la lumière qui projette l'image), les griffes remontent à vide avant d'entraîner l'image suivante.

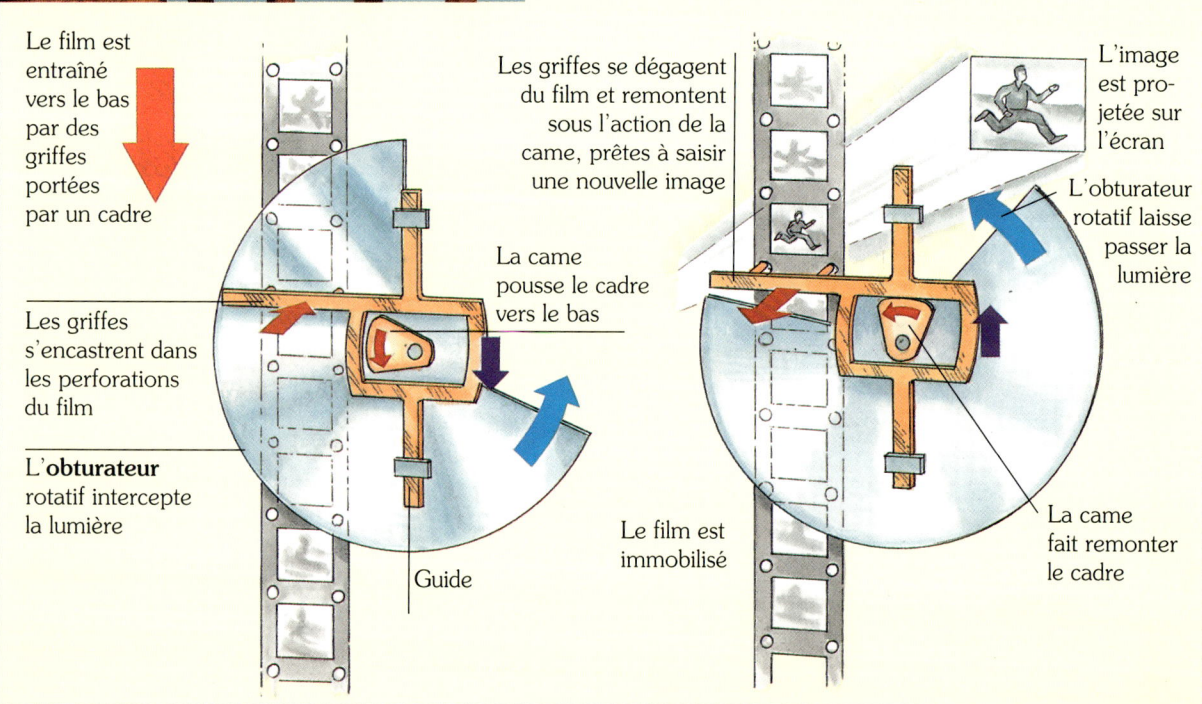

Le film est entraîné vers le bas par des griffes portées par un cadre

Les griffes s'encastrent dans les perforations du film

L'**obturateur** rotatif intercepte la lumière

Guide

Les griffes se dégagent du film et remontent sous l'action de la came, prêtes à saisir une nouvelle image

La came pousse le cadre vers le bas

Le film est immobilisé

L'image est projetée sur l'écran

L'obturateur rotatif laisse passer la lumière

La came fait remonter le cadre

Le cinématographe

permettant l'envoi de lumière pour projeter.

Le 19 mars 1895, Louis demande à l'un de ses ouvriers de lui permettre d'installer sa caméra dans son appartement, derrière la fenêtre ouverte. M. Vernier habite 20 chemin Saint-Victor en face d'une des sorties des usines Lumière.

On attend. La journée est ensoleillée. La rue est calme. Tout le monde est au travail. Louis vérifie que tout est bien en place. Il fait 19 °C à l'ombre.

La montre de Louis indique qu'il est midi. Du bruit se fait entendre derrière le portail du hangar de la sortie d'usine. On s'apprête à sortir. Louis actionne la manivelle de sa caméra. Le portail s'ouvre. Les ouvriers sortent. Il faut 50 secondes pour que tout le monde ait disparu et que la porte se referme. 50 secondes et 800 images.

C'est le premier film de l'histoire du cinéma.

Deux jours plus tard, Antoine et ses deux fils présentent le film à la Société d'encouragement pour l'industrie nationale, à Paris. Le succès est immédiat.

Louis Lumière va pouvoir commencer à tourner quelques films pour la première projection publique que son père tient à organiser rapidement…

En attendant la première séance publique, on montre le

Un photogramme du premier film des Lumière : l'ouverture de la porte de l'usine.

Les frères Lumière ont réalisé leur premier film en plaçant leur caméra dans une chambre située de l'autre côté de la rue. Louis tournait la manivelle qui entraînait le film et le mécanisme de l'obturateur.

cinématographe à de nombreux scientifiques. Le succès est toujours considérable. Le 11 juin pour le Congrès de photographes à Lyon, le 11 juillet à Paris, à la Revue générale des sciences, le 10 novembre devant l'Association belge de photographes, le 16 novembre dans l'Amphithéâtre de la Sorbonne... Tous les spécialistes les couvrent d'éloges : « MM. Auguste et Louis viennent d'imaginer un appareil qui laisse derrière lui les tentatives précédentes... Par l'importance de ses résultats pratiqués, le cinématographe est une brillante conquête à leur actif... ».

28 décembre 1895

Antoine va maintenant monter dans la capitale, Paris la ville lumière, pour chercher un espace capable d'accueillir la première séance publique. Il rencontre M. Volpini, propriétaire du Grand Café, 14 boulevard des Capucines. Les deux hommes tombent d'accord pour la location de l'ancienne salle de billard, située au sous-sol. M. Clément Maurice, concessionnaire du Cinématographe Lumière baptise la salle le Salon Indien. M. Volpini refuse la

Le cinématographe

location suivant un pourcentage des recettes (20 % proposé par Antoine) au bénéfice d'une somme fixe de 30 F par jour (1 200 F aujourd'hui). On fixe la date de la première séance au 28 décembre 1895 à vingt et une heures.

Charles Moisson, le constructeur de l'appareil sera le chef mécanicien et supervisera la projection. Le prix de la séance sera fixé à 1 F, Antoine et Louis seront présents bien sûr.

Parmi les trente trois curieux qui se jour-là assistèrent à la première projection de l'histoire mondiale du cinéma, un truqueur d'images, manipulateur de photographie et prestidigitateur est présent. Il s'appelle Georges Méliès et il raconte : « Je le connaissais (Antoine Lumière) pour l'avoir rencontré souvent en sortant de mon bureau. Un soir, vers cinq heures, je le vis arriver, l'air radieux, et il me dit :

– Êtes-vous libre, ce soir ?

– Oui, répondis-je, pourquoi ?

– Venez au Grand Café à 9 heures ; vous qui épatez tout le monde avec vos trucs, vous allez voir quelque chose qui pourrait bien vous épater vous-même !

– Vraiment ? Qu'est-ce que c'est ?

– Chut ! me répondit-il, venez, et vous verrez ; cela en vaut la peine, mais je ne veux donner aucun renseignement à ce sujet.

La salle de billard du sous-sol du Grand Café était suffisamment obscure pour accueillir les premières représentations cinématographiques. On y présentait dix films chaque nuit, chacun ayant une durée d'environ 2 mn, dont La sortie des usines Lumière *et* L'Arroseur arrosé.

Des affiches avertissent de l'ouverture prochaine de cinémas Lumière dans de nombreuses villes, ici à Gênes, en Italie.

Un ticket d'entrée pour une des premières séances de cinéma, signé de Louis Lumière lui-même.

Fort intrigué, j'acceptai l'invitation, et je me rendis au Grand Café à l'heure dite, n'ayant aucune idée de ce que j'allais voir. Nous nous trouvions, les autres invités et moi, en présence d'un petit écran, semblable à ceux qui nous servaient pour les projections Molteni, et, au bout de quelques instants, une photographie immobile représentant la place Bellecour, à Lyon, apparut en projection. Un peu surpris, j'eus à peine le temps de dire à mon voisin : C'est pour nous faire voir des projections qu'on nous dérange ? J'en fais depuis plus de dix ans ! Je terminais à peine, qu'un cheval traînant un camion se mettait en marche vers nous, suivi d'autres voitures, puis de passants, en un mot, toute l'animation de la rue. À ce spectacle, nous restâmes tous bouche bée, frappés de stupeur, surpris au-delà de toute expression.

À la fin de la représentation, c'était du délire, et chacun se demandait comment on avait pu obtenir pareil résultat.

Dès la fin de la séance, je faisais des offres à M. Lumière pour l'achat d'un de ses appareils pour mon théâtre. Il refusa. J'avais été pourtant jusqu'à 10 000 F (400 000 F aujourd'hui) ce qui me semblait une somme énorme. M. Thomas directeur du musée Grévin, obéissant à la même idée, lui offrait 20 000 F sans plus de résultat. Enfin M. Lallemand, directeur des Folies-Bergère, également présent allait jusqu'à 50 000 F (2 millions). Peine perdue ! »

Méliès a dit qu'Antoine Lumière lui avait répondu : « Jeune homme, remerciez-moi. Mon invention n'est pas à vendre, mais pour vous, elle serait la ruine. Elle peut être exploitée quelque temps comme une curiosité scientifique : en dehors de cela elle n'a aucun avenir commercial ! » En réalité, Antoine tenait à « garder l'invention pour sa famille ». Il ne veut pas vendre, mais exploiter directement.

« S'amuser en travaillant »

Les Lumière vont essayer de garder l'**exploitation** du cinématographe le plus longtemps possible, mais tout le monde sait bien qu'au vu des succès foudroyants et immédiats qu'ils remportent, ce sera bien difficile. Des centaines de lettres affluent de toute part, le travail se décuple à Monplaisir, près d'une centaine d'opérateurs, recrutés à la hâte, et formés, doivent partir filmer dans le monde entier (Felix Mesguisch et Eugène Promio restent les plus célèbres).

Le 2 mai 1896 une salle ouvre à Londres, le 18 juin à New York, puis la Russie et la Chine. La fin du XIXe siècle connaîtra un des rares phénomènes de planétarisation, celui du cinéma. Dès 1900, les Lumière subissent une concurrence de plus en plus importante, et Louis décide de retourner « s'amuser en travaillant ».

Le rêve américain

Le 18 juin 1896, les premières représentations du Cinématographe Lumière ont lieu aux États-Unis, triomphales. On chante la Marseillaise à la fin des séances, et le public américain est debout pour crier « Hourra Lumière brothers ! ». Deux mois plus tôt, Edison avait débuté de son côté des projections avec le Vitascope. Sans grand succès…

Le 24 juillet 1897, le Congrès vote le Dingley Bill. Cette loi vise à protéger les intérêts américains dans l'exploitation du cinématographe. Les droits d'importation deviennent prohibitifs et Edison porte plainte contre la Société Lumière pour infractions douanières. Le matériel des opérateurs Lumière est saisi et ceux-ci doivent s'enfuir en barque de New York pour rejoindre le bateau français.

Le 7 décembre, par le biais de la Société Webster et Kuhn qu'il contrôle, Edison monte à l'assaut. La compagnie internationale qui importe aux États-Unis les films français doit cesser toute activité. Toute concurrence étrangère est ainsi écartée. Edison devient l'unique inventeur du cinématographe sur le sol américain et se met en droit d'attaquer ses rivaux pour contrefaçon. Au printemps de 1898, après avoir intenté de nombreux procès, il gagne la guerre des brevets. Le Cinématographe Lumière quitte les États-Unis, et n'y reviendra plus…

La première salle de cinéma de Londres fut ouverte le 20 février 1896. Voici la couverture de ce programme historique.

Le cinématographe

Les frères Lumière âgés

Les photographies en couleurs

En 1907 Louis inventa le procédé autochrome pour réaliser des clichés en couleurs sur des plaques de verre, en utilisant un produit chimique tiré de l'amidon de la pomme de terre. Au cours des années 30, des procédés plus rapides et moins chers développés par Agfa et Kodak, remplacèrent les autochromes. Mais on admire toujours ces derniers pour le nombre et la délicatesse de leurs couleurs comme le montre l'exemple ci-dessous.

L'usine de Monplaisir vendra pendant dix ans le matériel et les films de ses catalogues. En 1908, Louis Lumière cède la totalité des droits sur ses appareils à Charles Pathé...

Cependant en 1898, Louis Lumière met au point un appareil stéréoscopique qui permet le relief et réalise en 1900 pour l'Exposition universelle une projection géante de 720 m² du *Goûter de bébé*.

C'est en 1907, qu'il invente l'autochrome qui permet la photographie sur plaques de verre en couleurs, grâce à un produit chimique à base de fécule de pommes de terre. Dans les années 30, des procédés plus rapides, moins coûteux mais aussi moins subtils seront fabriqués par Agfa et Kodak aux États-Unis. Mais les autochromes conservent encore aujourd'hui un éventail de couleurs aux tons impressionnistes resté inégalé.

Auguste de son côté fait de la recherche dans une direction qui le passionne : la médecine. Sa contribution au développement médical et chirurgical est importante. De nombreuses vies humaines seront sauvées pendant la Grande Guerre, grâce à ses inventions.

Louis Lumière voyagea énormément et rencontra la plupart des grands pionniers du cinéma, comme ici Walt Disney (à gauche).

Liste des principaux films Lumière

Le catalogue Lumière comprend près de 1600 titres. Parmi les plus célèbres :

La sortie des usines Lumière
Les portes de l'usine Lumière s'ouvrent et les ouvrières et ouvriers sortent les uns après les autres. Dans la version de mars 1895, on aperçoit une voiture à cheval. Il existe trois versions connues de ce film. La première a été retrouvée il y a quelques années seulement.

L'arroseur arrosé
Un jardinier arrose son potager. Un petit espiègle lui coupe l'eau avec son pied. Le jardinier qui vérifie l'entrée du tuyau reçoit de l'eau sur le visage au moment où l'enfant retire son pied. La première fiction de l'histoire du cinéma et l'un des gags les plus célèbres. Le premier titre était *Le jardinier et le petit espiègle*.

Le goûter de bébé
Auguste et Marguerite Lumière donnent le goûter à leur petite fille Andrée. « Les feuilles bougent » disaient les spectateurs impressionnés par le réalisme des images. Andrée au centre mourra à 24 ans d'une grippe asiatique plongeant Auguste dans un profond désespoir.

Le train entrant en gare de La Ciotat
Un train arrive en gare de La Ciotat et les voyageurs descendent sur le quai. Le film qui bouleversa le monde, car les spectateurs des premiers rangs étaient effrayés par l'arrivée de cette machine.

La bataille de boules de neige
Sur l'ancien cours Gambetta de Monplaisir, des passants font une bataille de boules de neige. Un cycliste qui passait par là est littéralement bombardé. Il n'a que le temps de s'enfuir. Pur chef-d'œuvre tant par le cadrage que par la qualité des images obtenues par Louis Lumière. Un de leurs plus beaux films.

Les opérateurs Lumière tournent dans le monde entier des images qu'ils rapportent à Louis, pour qu'il choisisse le contenu des séances.

Paris, panorama depuis la tour Eiffel
Berlin, Panopticum
Londres, the cinematographe
Madrid, porte de Tolède
Venise, panorama sur le Grand Canal
Dublin, incendie
Moscou, rue Tsverskaia
Chicago, défilé de policemen
New York, vue de Broadway Street
Japon, Aïnos à Yeso
Saïgon, sortie de l'arsenal
Mexique, baignade des chevaux

Les films Lumière sont les très rares images vivantes du monde du XIX° siècle représenté alors uniquement par la peinture et la photographie.

La sortie des usines Lumière

L'arroseur arrosé

Le goûter de bébé

Le train entrant en gare de La Ciotat

La fin de la vie de Louis et Auguste Lumière est faite d'un bonheur tranquille et paisible passé la plupart du temps dans leur résidence de La Ciotat. Ils se consacrent désormais à leurs travaux respectifs, goûtant chaque jour comme une nouvelle découverte, appréciant chaque instant passé avec leur très grande famille, dont certains membres filmés un jour de 1895, vivront désormais pour l'éternité…

Louis et Auguste Lumière, qui ont tenu à séjourner ensemble suivant leur promesse juvénile, les inventeurs de la plaque "Étiquette bleue", du cinéma et de l'autochrome, sont morts de vieillesse, respectivement à 84 ans (1948) et 92 ans (1954).

Cette médaille gravée en 1935 représente le portrait de Louis Lumière, membre de l'Institut.

Chapitre quatre
Les nouvelles images

Film et vidéo

Quand vous regardez un film ou un autre programme, il ne vous paraît peut-être pas important de savoir s'il s'agit d'un film ou d'une vidéo. Ces deux techniques sont cependant totalement différentes, même si les résultats sont comparables.

Le film, un "support visuel", utilise de petites photographies qui représentent des scènes réelles. Il est destiné, principalement, à être projeté sur un grand écran.

La vidéo est un "support magnético-électronique". L'image est constituée d'innombrables points magnétiques déposés sur la bande vidéo. Elle est destinée principalement à être vue sur un téléviseur.

Il existe de grands écrans vidéo, mais l'image n'est jamais aussi brillante ni aussi nette qu'au cinéma. Des appareils peuvent transformer un film en vidéo. Pour un usage domestique, le projecteur (format 8 mm ou 16 mm) a été remplacé par le magnétoscope ou le camescope.

Bien que d'une qualité exceptionnelle dès les premières prises de vue, le cinématographe Lumière a très vite évolué techniquement. Des films parlants en 1927 au Technicolor dans les années 50, du Cinémascope à la Dolby Stéréo, le cinéma, au vu des perfectionnements apportés à la télévision, ne cessera pas de se développer techniquement.

Certaines salles sont munies du son THX (des studios de George Lucas), qui apporte le son numérique au film, désormais projeté sur des écrans pouvant atteindre 250 m^2.

Le Futuroscope de Poitiers permet de découvrir les techniques du Schowscan et de l'Imax-Solido qui composeront sans doute certains films de demain.

Le Schowscan diffuse un film à 60 images par seconde au lieu de 24. C'est la haute-définition du cinéma : image parfaitement nette lorsque les mouvements dans l'image sont rapides, les couleurs sont impeccables, l'impression de réalité est extrême. Mais le pavillon de l'Imax-Solido est le plus impressionnant. Il est, pour l'instant, unique dans le monde. C'est la première expérience de relief satisfaisante. À partir de lunettes à cristaux liquides et avec un écran hémisphérique, la platitude et les bords sont abolis. Le spectateur regarde des personnages qui sont à côté de lui, qu'il peut "toucher", et qui

Le metteur en scène John Mackenzie discute de l'angle de la caméra avec l'équipe qui tourne Le Quatrième protocole.

Les nouvelles images

Dans les années 50, le cinéma en relief fit son apparition dans les salles. Les spectateurs devaient alors porter des lunettes équipées de verres de couleurs différentes pour percevoir les trois dimensions. Dans l'avenir, les résultats seront beaucoup plus spectaculaires, …sans l'obligation du port des lunettes.

ne sont plus enfermés dans un cadre. Pour la première fois dans l'histoire, les spectateurs sont dans le film…

Mais c'est l'image de synthèse qui reste l'aboutissement le plus parfait de ces travaux de recherche. Obtenue grâce au développement fulgurant des possibilités techniques de l'ordinateur, elle recrée presque parfaitement des êtres vivants… ou disparus depuis 65 millions d'années !

Depuis *Jurassic Park* de Steven Spielberg (1993), toutes les expériences sont tentées pour se rapprocher de plus en plus de la réalité et retrouver, le temps d'un film, ou quelques secondes à peine, l'incroyable effet de ce train entrant en gare de La Ciotat, lancé à toute vitesse, dont l'enveloppe de fer terrorisait bien plus que les dinosaures de synthèse.

Aujourd'hui qu'un petit écran tente, comme David, d'abattre le géant, le cinéma doit se montrer de plus en plus fort. Beaucoup de techniciens "Louis Lumière" des années 90 travaillent pour le rendre encore plus beau, plus grand, plus magique et cherchent à ouvrir les portes du second siècle pour le faire entrer dignement dans le monde des images du futur.

Les frères Lumière ont inventé un petit jouet qui n'a pas fini de nous étonner…

Télévision et cinéma

Dans les années 50, les particuliers commencèrent à s'équiper de téléviseurs. Les images étaient transmises dans l'espace sous forme d'ondes hertziennes, reçues par une antenne et envoyées sous forme d'image sur l'écran. Le système était entièrement électrique.

La télévision fut l'un des points de départ de la baisse de la fréquentation des salles de cinéma, les spectateurs préférant rester assis confortablement dans leur salon. Mais aujourd'hui, l'audience du cinéma augmente à nouveau, car la télévision n'égalera jamais les nouvelles techniques de projection sur grand écran.

Le monde au temps des frères Lumière

	1850-1875	**1876-1900**
Sciences	**1851** Hermann von Helmholtz invente l'ophtalmoscope pour observer l'intérieur de l'œil **1859** Charles Darwin publie *De l'origine des espèces par voie de sélection naturelle* **1862** Naissance d'Auguste Lumière **1864** Naissance de Louis Lumière	**1877** Alexander Graham Bell et ses collègues, fondent la Bell Telephone Company aux États-Unis **1882** Robert Koch publie sa découverte sur le bacille de la tuberculose **1894** Guglielmo Marconi construit son premier émetteur-récepteur radio.
Exploration	**1858** Pose de la première ligne télégraphique à travers l'océan Atlantique **1869** Ouverture solennelle du canal de Suez construit par Ferdinand de Lesseps	**1889** Inauguration à Paris de la Tour Eiffel à l'occasion de l'Exposition universelle **1900** Découverte dans l'île de Crète de l'ancien palais de Knossos, centre de la civilisation minoenne et demeure du légendaire Minotaure
Politique	**1851** Coup d'état de Louis-Napoléon qui dissout l'Assemblée **1861** Début de la guerre de Sécession aux États-Unis **1871** Écrasement de la Commune à Paris	**1882** L'enseignement primaire (6 à 13 ans) est rendu obligatoire en France **1898** Émile Zola publie *J'accuse* pour proclamer l'innocence du capitaine Dreyfus
Arts et lettres	**1858** La comtesse de Ségur publie *Les Petites filles modèles*, le premier de ses récits pour enfants **1860** Lewis Carroll publie *Alice au pays des merveilles* Claude Monet crée l'école des Impressionistes	**1882** Robert Louis Stevenson publie *L'Île au trésor* **1888** Rodin sculpte le groupe intitulé *Les Bourgeois de Calais* **1892** Début de la publication des *Aventures de Sherlock Holmes* d'Arthur Conan Doyle

1901-1925

1903 Pierre et Marie Curie reçoivent le Prix Nobel de physique
1909 Louis Blériot réalise la première traversée de la Manche en avion
1921 Calmette et Guérin expérimentent en France le vaccin antituberculeux, le BCG

1902 Une expédition française à Suse trouve le Code d'Hammourabi, le plus ancien recueil de lois connu de l'Ancienne Babylonie, gravé sur une tablette de pierre.
1912 Robert Scott et son équipe périssent au retour de leur expédition au pôle Sud

1914 Début de la Première Guerre mondiale qui se termine en 1918
1917 Début de la Révolution d'Octobre en Russie
1919 Fondation de la Société des Nations pour garantir la paix dans le monde

1907 Pablo Picasso peint *Les Demoiselles d'Avignon*, premier tableau de l'école cubiste.
1925 Triomphe du film *La Ruée vers l'or* de Charlie Chaplin

1926-1954

1935 Charles Richter propose une échelle pour mesurer les tremblements de terre.
1940 Émission des premiers programmes de télévision en couleurs
1948 Mort de Louis Lumière
1954 Mort d'Auguste Lumière

1926 Une expédition dans le désert de Gobi en Mongolie, découvre des œufs de dinosaures fossilisés
1928 Roald Amundsen, premier homme à avoir atteint le pôle Sud, meurt dans un accident d'avion près du Spitsberg alors qu'il recherchait les survivants de l'expédition Nobile.

1939 Début de la Seconde Guerre mondiale qui se termine en 1945
1948 Proclamation de l'état d'Israël
1949 Proclamation de la République populaire de Chine
1953 Couronnement de la Reine Elisabeth II

1938 *Blanche Neige et les sept nains* est le premier dessin animé long métrage de Walt Disney
1945 Publication en France du *Petit Prince* d'Antoine de Saint-Exupéry
1954 Inauguration à Marseille de la "Cité radieuse" sur les plans de Le Corbusier

Lexique

Brevet d'invention : titre que le gouvernement délivre à quiconque se déclare l'auteur d'une invention d'ordre industriel, pour lui en assurer la propriété et l'exploitation exclusive pendant un certain nombre d'années.

Cadre porte-griffe : pièce de la caméra pourvue de petites griffes, entraînée par la came, et destinée a faire descendre le film devant l'objectif.

Came : pièce de la caméra pourvue d'une encoche destinée à commander le mouvement du cadre porte-griffe.

Chimie : c'est une partie de la science qui traite des propriétés des corps simples et de leur action les uns envers les autres. On étudie leurs combinaisons et par conséquence leurs réactions.

Émulsion photographique : préparation sensible à la lumière, qui couvre les films, les plaques de verre et les pellicules de photos.

Exploitation : l'exploitation est le dernier secteur cinématographique de la vie d'un film. C'est la projection en salle.

Lanterne magique : appareil permettant la projection d'images peintes sur plaques de verre, qui fonctionnait avec des lampes à gaz ou à pétrole, puis à l'électricité.

Négatif : cliché photographique préliminaire à l'application sur le papier, où les noirs des modèles sont représentés par des blancs et les blancs par des noirs.

Obturateur : pièce circulaire utilisée dans la caméra pour empêcher la lumière de pénétrer sur le celluloïd pendant une fraction de seconde. L'obturateur effectue entre 16 et 20 tours par seconde.

Opérateur : personne chargée au moment du tournage d'un film de remplacer à la prise de vue, le metteur en scène, qui dirige l'action.

Optique : c'est une partie de la science qui traite des propriétés de la lumière et de la vision. Le fonctionnement de notre œil par rapport à tout ce qui l'entoure.

Pantomime : pièce où les acteurs ne s'expriment que par des gestes sans avoir recours à la parole.

Pellicule : film de celluloïd mince, recouvert d'un côté par un produit sensible, pour recevoir la lumière au moment où l'on prend la photo.

Perforation : petits trous placés sur les bords de l'image du film pour permettre aux griffes de pénétrer et d'entraîner la pellicule.

Phase : Chacun des changements, des aspects successifs d'un phénomène en évolution.

Physique : c'est une partie de la science qui traite des propriétés générales des corps, et des lois qui peuvent changer leur aspect ou leur mouvement sans modifier leur nature.

Plaque photographique : procédé de photographie obtenu sur une plaque de verre enduite d'un produit sensible à la lumière. La photographie sur plaque disparaît vers 1970.

Projection : action d'envoyer une image peinte ou photographiée sur un support translucide, sur un écran, avec l'aide d'un appareil fournissant de la lumière.

Stéréoscopie : procédé photographique de double prise de vue, correspondant aux points de vue des deux yeux, qui donne une sensation de 3 dimensions.

Tournage : enregistrement d'une action à l'aide d'un appareil de prise de vue appelé une caméra.

Liste des principaux brevets déposés par les frères Lumière

1885   Purgeur automatique d'eau de condensation

1890   Obturateur instantané pour appareils de photographie
Système de portes flexibles à coulisses

1891   Système de chambre noire avec succession mécanique des plaques

1892   Application des sels manganiques à l'obtention d'images photographiques

1893   Suppression du halo et des auréoles photographiques

1894   Nouvelle pile électrique
Appareil servant à l'obtention et à la vision des épreuves chronophotographiques

1895   Appareil dit Cinématographe pour l'obtention et la vision des épreuves chronophotographiques

1896   Reproduction simultanée des mouvements et des sons dans les projections de scènes animées
Modifications aux phonographes
Procédé et appareil permettant la vision des photographies en couleurs

1897   Appareil dit Biora, pour l'obtention et la vision des épreuves chronophotographiques

1898   Procédé et appareil pour l'application des anesthésiques

1899   Carburateur pour moteur à essence, à pétrole et autres liquides carburants
Appareil dit Photorama permettant l'obtention d'une image sur 360°

1900   Récipient pour la conservation et l'emploi des sérums ou produits similaires
Savon antiseptique
Appareil destiné à recevoir et à montrer des images stéréoscopiques d'objets en mouvement
Mode de fermeture pour les boîtes de plaques photographiques
Pellicule et appareil permettant la projection sur un écran géant de 720 m^2

1901   Perfectionnements aux écrans de projection
Mode d'emmagasinage des plaques photographiques

1902   Récipient pour la stérilisation et la conservation de la gélatine et produits similaires
Cinématographe à mouvements continus de la pellicule
Préparation et emploi d'une nouvelle substance comme révélateur photographique

1903   Procédé de photographie en couleurs dite Autochrome

1904   Dispositif pour voitures automobiles

1905   Préparation de compositions éclairantes pour la photographie à la lumière artificielle

1906   Papiers photographiques

1907   Écran trichrome pour photographie directe des couleurs

1908   Écran polychrome pour décalque

1910   Aliment nouveau à base de farine de céréales germées

1911   Emploi du géraniol comme antiseptique
Emploi du souffre colloïdal à l'état naissant pour le virage en brun des images photographiques sur papier

1922   Bandes de tulle gras pour les brûlures

1925   Appareil dit haut-parleur à diaphragme diffuseur de son appliqué au phonographe

1932   Écran coloré pour projections stéréoscopiques

Index

appareils d'optique 9, 30

brevet 19, 23, 30

cadre 15, 18, 30
came 18, 30
celluloïd 14-17, 19, 23, 30
cinéma en relief (3D) 24, 27, 31
cinéma parlant 27
Cinématographe 16-20, 22, 23, 25, 26, 30
Congrès des Photographes de Lyon 20

Daguerre, Louis 11
daguerréotype 11
diapositives 14, 31
Disney, Walt 24
disque tournant voir Thaumatrope

Eastman, George 9, 14
Eastman-Kodak Brownie 14
École industrielle Martinière 8
Edison, Thomas 14, 15, 23
émulsion 10, 12, 30
Étiquette Bleue 12, 13

Fantasmagories 5
film 26
Fox Talbot, William 11
fusil photographique 13

gélatine 12, 30
Grand Café 21, 23
griffes 16, 31
guerre de 1970 8
Institut Lumière 25

Kinétoscope 14, 15, 16

lanterne magique 5, 12
Lumière, Antoine 6 14
Lumière, Auguste
    naissance 6
    enfance 7-9
    passe-temps 10

    vie militaire 12
    premier film 19
    mort 25
Lumière, Jeanne-Joséphine 6
Lumière, Louis
    naissance 6
    enfance 7-9
    passe-temps 10
    maladie 16
    premier film 19
    autres inventions 24
    mort 25

Mackenzie, John 26
magnétisme 26, 30
Marey, Étienne-Jules 13
Maurice, Clément 21
mécanisme d'entraînement 15, 16, 18, 23
Méliès, Georges 22
Moisson, Charles 21
monochrome 18
Muybridge, Eadweard 12

Napoléon III 8
négatif 11, 30
Nicéphore Niepce 11
ondes radio 27

Pathé, Charles 24, 25
persistance rétinienne 6, 7, 30
Phénakistiscope 7
photographie en couleurs 24
plaque 10, 31
plaque sèche 10, 12, 30
positif 11, 31
Praxinoscope 17
premier cinéma 21
premières images animées 19
procédé autochrome 24

rayon lumineux 10, 30
rayons X 4, 31
Renoir, Auguste 6
République 8
Reynaud, Émile 17

Salon Indien 21
Société pour le Développement de l'Industrie française 20

télévision 27
Thaumatrope 7
théâtre optique 17

vidéo 26
Vitascope 23

Zootrope 5, 7, 17